孩子小动作多、爱走神，怎么办？

COPING WITH TOURETTE SYNDROME

[美] 桑德拉 · 巴弗拉诺 著
张 倩 译

辽海出版社

图书在版编目（CIP）数据

孩子小动作多、爱走神，怎么办？/（美）巴弗拉诺著；张倩译．--沈阳：辽海出版社，2014.12
ISBN 978-7-5451-3195-6

Ⅰ.①孩… Ⅱ.①巴… ②张… Ⅲ.①儿童教育-家庭教育 Ⅳ.①G78

中国版本图书馆CIP数据核字（2015）第004152号

辽宁省版权局著作权合同登记：图字06-2014-220
Coping with Tourette Syndrome：*A Workbook to Help Kids with TIC Disorders*

责任编辑：刘波
责任校对：汉风
装帧设计：杜帅

出版者：辽海出版社
地　址：沈阳市和平区十一纬路25号
邮政编码：110003
电　话：024-23284469
E-mail：dyh550912@163.com
印刷者：香河县宏润印刷有限公司
发行者：辽海出版社

幅面尺寸：170mm×240mm
印　张：8.75
字　数：100千字

出版时间：2015年5月第1版
印刷时间：2015年5月第1次印刷
定　价：29.80元

目录

Contents

Contents

Contents

心理健康专家的告诫

Introduction for Mental Health Professionals

有抽动-秽语综合症的孩子们会表现出一些独特的行为，对他们的治疗与其他一般性障碍的治疗截然不同，需要有创新的方法。抽搐或抽搐障碍是孩子患有抽动-秽语综合症的表现，这是一种“综合病症”，主要表现是身体协调困难。同时，并发性抽动-秽语综合症还有强迫症、注意力障碍、多动障碍、厌学和忧虑症等表现。本书中的活动会一一呈现解决这些问题的方法。同时，这本书对患有链球菌感染以及自身免疫性神经精神障碍的儿童也极有帮助。

尽管在本书的活动中你会看到“咨询老师”一词，但其目的只是为心理学家、临床医学家和学校心理医生提供帮助和参考。书中活动的重点是提供培训技能，帮助孩子们在学校有良好的表现。这个过程如果有家长的积极参与，会达到事半功倍的效果。书中的某些活动需要孩子们在父母的帮助下才能完成，这时父母或许会意外获得心理健康或者学校教学方面的全新知识。

一些孩子发现自己虽然在短时间内能够有意识地控制自己的抽动-秽语综合症——抽搐，然而很多时候，孩子们的抽动-秽语综合症会变得更加恶劣，抽搐时间更久，发生频率更高。针对这一问题，本书中的活动为孩子提供了多项解决方案。

本书的活动都是有秩序有步骤地展开的，在其中一些活动展开前，孩子们需要提前掌握必备的知识。这些活动是息息相关的，前一节活动的内容是理解后面的活动的基础。还有一些活动是有情景的，能够独立于其他活动完成，如走访亲戚、逛商场等。这些活动都要求孩子们集中精力，因为精力不集中是在孩子们中间存在的一种普遍现象。

给家长的警示

A Note to Parents

抽动–秽语综合症是一种慢性神经系统疾病，临床表现为运动抽动和发声抽动，其症状可持续一年以上。显而易见，很多孩子都因为自身的抽动产生了巨大的心理压力。同时这种情况还会由于孩子的自尊心问题，或者因为孩子自身孤僻的性格，或者因为各种行为问题如极度活跃、精神不集中、争强好胜、入睡困难等，而变得更加恶化。

但是，即使抽动–秽语综合症是一种慢性疾病，孩子也能够学会新技能以治疗自己的病症，并且健康快乐地生活。本书的作者是桑德拉·巴弗拉诺，她是一位经验丰富的心理学家，并且历经18年呕心沥血地研究抽动–秽语综合症。通过掌握本书中的活动，孩子们不仅能够根据自身状况学会认识自己、掌握实际技能，也能够将掌握的技能介绍给需要帮助的人。书中的活动，会帮助孩子变得更加自信，使他们对抽动–秽语综合症应对自如。当然，必要时他们会需要家长的帮助。

通过学习本书中的活动和你给孩子的鼓励，他们将能够学会情感和行为技能，这就像他们能够学习课本知识和体育项目一样。同时，孩子会需要家长的指导，也需要家长的认可和鼓励。

在与孩子的沟通中，对某个特定话题，你会发现和他们沟通起来十分困难。一定谨记，不要和孩子谈论他们不感兴趣的话题。让孩子敞开心扉的最好方法是建立一个良好的角色模式。对于孩子的每次活动，你要说出自己的想法、情感和体会，针对出现的问题要采用积极的方法。这样的话，即使你的孩子当时一言不发，你的话也会对他产生影响。

只要你有耐心并且尊重孩子的感受，本书中的活动将会对孩子大有裨益。如果你的孩子需要看医生，你可以与孩子的临床医生分享这本书。医生会根据孩子的状况，更好地使用书中的活动来帮助你的孩子。

无论对孩子还是对家长，抽动–秽语综合症都是一个难题。但是有你的理解和支持，并加上你的耐心，这一难题一定会迎刃而解。

你真诚的，

劳伦斯·E·夏皮罗 博士

写给家长的话

A Special Message to Parents

我和你一样有一个可爱的女儿，今年14岁了，但她却每天面临着抽动–秽语综合症的困扰。我研究抽动–秽语综合症已经有18年了，如今，我将自己的心得和体会与大家分享。

其实，孩子自出生伊始就会面临各种危险。要知道，生活有时候并不尽如人意，有时候可能会一波三折，还可能会停滞不前。很有可能，你的孩子很早就被诊断出有抽动–秽语综合症，这些诊断可能不正确或是不全面；但是很多种坏毛病可能都是抽动–秽语综合症的一部分。

此后，医疗费用、医疗保险、时间和耐心等问题可能会接踵而来，让你感到措手不及。但这时，你需要镇定，需要更深入地了解自己和孩子。通过本书中的活动，孩子将会更加清晰地认识自己和自己的抽动–秽语综合症。

希望你在孩子的治疗过程中能够遇到体贴入微的好心人和知识渊博、经验丰富的医生和心理学家以及善解人意的老师，他们都会帮助孩子找回自尊、自信，给孩子的生活增添乐趣。如果非常不幸的是，孩子并没有遇到以上这些人，请不要放弃，他们会在不经意的时候出现。当然，你还可以重新选择医生、经常与老师交流、为心理医生提供孩子的相关信息、选择细心的陪护，并把孩子的问题告诉自己的亲戚朋友以得到他们的理解和支持。

直到孩子完全康复，家长都是孩子的保护伞。他们会伴随着我们的努力更加健康快乐地成长。

作者敬上

写给小朋友的话

A Message to Young Readers

亲爱的小朋友：

你好！你或许对自己的抽动—秽语综合症了如指掌，也理解自己需要通过练习对它们加以纠正。本书中的活动利用独特的视角和方法，帮助你改掉抽动—秽语综合症，培养好习惯。要知道你越是深入地了解自己，你身上的坏毛病就会越容易改掉。

通过本书：

- 你将不会再对自己的问题过多关注
- 你将会理解为什么要改掉自己的抽动—秽语综合症
- 你将会坦然地向他人解释自己的抽动—秽语综合症
- 当需要时，你能够寻求他人的帮助
- 你将变得更加自信

咨询老师将会帮助你完成书中的活动。他们专门从事帮助孩子方面的工作。咨询老师非常了解孩子们身上的抽动—秽语综合症，并且理解孩子们为什么很难改掉自己的坏毛病。他们还建议，在必要时你可以要求家长的鼎力帮助。当你结束本书中的活动时，你的爸爸妈妈会更加了解你以及你的抽动—秽语综合症。当你和爸爸妈妈以及生活中息息相关的人共同完成这些活动时，你会收获意想不到的惊喜：

- 你将学会团队合作、共同解决问题
- 你将会看着自己取得进步
- 你将会提前做出计划安排，以便更好地面对自己的抽动–秽语综合症
- 你将体会到团队合作的乐趣，即使困难重重，你也能勇往直前

此外，欲了解更多关于抽动–秽语综合症的内容，请登录网站：Http://tsa–usa.org，你可以了解到不同的人对待抽动–秽语综合症的态度和方法。

作者

孩子的坏毛病有哪些

布兰登今年10岁了。他很擅长弹吉他和玩扑克游戏，但他也喜欢眨眼睛、轻咳。有时候，他还会咂舌头、摇头晃脑。在9岁那年时，他的各种坏毛病开始明显显露出来，比如，他经常会出现身体抽动和发声抽动。

布兰登的妈妈带他去做全身检查，医生问了他们许多问题。他们的回答如下：

- 布兰登的身体重复地制造出某种特定的声音，对此他本人并不清楚原因。
- 布兰登很多次地重复某一特定动作，对此他同样不知道原因。
- 以上动作或声音有时候频繁，有时候偶有发生。
- 大约是在他9岁生日时，这些坏毛病慢慢地出现了。

他们母子的回答让医生确定了布兰登的这些坏毛病其实就是抽动–秽语综合症。医生解释说，布兰登身体发出的声音和重复做的动作在医学上被称为抽搐，这是抽动–秽语综合症的部分表现。医生还告诉布兰登，这种坏习惯并不是他犯下的错误，仅仅是抽动–秽语综合症的一种症状表现。布兰登依旧可以弹吉他，表演扑克魔术。他还是之前的布兰登。

活动1

说明

好好想一想，抽动–秽语综合症会对你产生怎样的影响，把问题的答案写在下面横线上。如果需要，你可以在爸爸妈妈的帮助下完成。

你会受到抽动–秽语综合症的哪些困扰？______________________

____

对你的抽动–秽语综合症你都了解哪些？______________________

____

你喜欢和哪些人讨论抽动–秽语综合症？______________________

____

____

因为你的这些坏毛病，你的父母备感苦恼吗？______________________

____

____

关于你的抽动–秽语综合症，他们想了解什么？______________________

____

____

抽动-秽语综合症只是你日常行为表现的一小部分。现在让我们讨论一下抽动-秽语综合症以外的所有话题。请把答案填写在下面的空白处：

我的名字是____。

我__________岁了，我读________年级。

我与____生活在一起。

我有__________个哥哥弟弟和_______个姐姐妹妹。

我喜欢玩____。

我最擅长____。

我的好朋友是____。

在周末我喜欢____。

我学校的名字叫____。

我最喜欢的课是____。

我和____________________一起吃午饭。

活动1

在下方的大方框内画出你最喜欢做的事情。

什么是抽动

当医生第一次向伊桑和他爸爸解释抽动时，他们对此分别作出了不同的反应。伊桑认为这个词极其怪异，因此他情不自禁地笑了。而他的爸爸认为医生正在谈论昆虫类的话题。于是，医生画了一张有趣的抽动卡通画，以帮助他们了解抽动的概念。

据医生的解释，抽动有两种：发声抽动和行为抽动。发声抽动多表现为制造声音，如吸气声或者咳嗽声。重复某些话语和电影台词也是发声抽动的表现。行为抽动是指做某些动作，像眨眼或痉挛等。

伊桑仔细地回想了自己的抽动行为，他意识到自己在不同的时间有不同的表现。当玩电脑游戏或者弹钢琴的时候，他的抽动会停止一段时间。当他深深地思考问题的时候，也不会抽动。抽动更多的时候是发生在学校。当抽动发生时，他想尽力制止自己摇头，控制自己发声，有时候这样做会有一定的效果，但有时候效果甚微。在做作业的时候，他更是难以控制自己。当兴奋或忐忑不安时，他的抽动会变得更加严重。当他越是紧张时，抽动就越是明显。

当伊桑与爸爸妈妈或好朋友在一起时，他的身体经常会出现抽动，但他们都不介意。他们理解他抽动的原因，并能够理解让症状发泄出来会更加有利于他的健康。

伊桑将学习到的抽动症状列了一张清单。内容如下：

活动2

1. 我抽动的表现与有些孩子的抽动表现有不同之处。
2. 我知道了抽动是可以完全康复的，这让我倍感欣慰。
3. 我的抽动时好时坏，有时候在一段时间内我可以摆脱抽动的困扰。
4. 随着年龄的增长，我的身体会完全康复。
5. 有时候，新的抽动症状出现了。
6. 我不能长久地有意识地抑制抽动。
7. 如果我试图长时间地抑制抽动，这种症状会更加恶化。
8. 我的家人和朋友已经习惯我的抽动症状，他们会理解我，并不介意我发作的症状。

说明

抽动表现为重复地发出声音和做动作，这些动作都很难停止。标出下面你经常发作的抽动表现。

声音（发声抽动）

轻咳
嗡嗡叫
吸气
吧唧嘴
吻
咂舌头
打呼噜
自言自语
清嗓子
吐唾沫
吹口气
重复咳嗽
吹口哨
咒骂
咆哮
模仿别人

其他______________________

动作（行为抽动）

眨眼
抽动眉毛和鼻子
做鬼脸
耸肩
张开双臂
弯腰
单脚跳
跳跃
颤抖、痉挛或摇头
拽衣服
笑
紧拉肌肉
咬舌头
玩弄关节
接触别人
接触东西

其他______________________

活动2

你是否曾经有过抽动症状之后康复了？ 是 否

如果是，说说有哪些抽动表现。________________________________

有些抽动康复之后，又复发了吗？ 是 否

如果是，说说有哪些抽动症状。________________________________

当感到压抑时，你会有一些新的抽动症状吗？ 是 否

如果是，说说有哪些新的抽动症状。____________________________

把你的抽动症状告诉爸爸妈妈，询问他们是否完全了解你的症状。然后询问爸爸妈妈，他们是否发现了你并没有意识到的抽动症状。

如果你喜欢与大家分享你的其他抽动症状，请写在下方。

____

____

____

____

抽动-秽语综合症有哪些阶段

在科学课上，科迪学习到在不同时期月亮有月缺月圆的变化。这与他的抽动-秽语综合症十分相像，咨询老师建议他把自己的症状与不同时期的月亮进行比较。以下是科迪的想象：

有时候我的抽动-秽语综合症就像是如牙新月，我的抽动鲜有发生，这是我最开心的时刻。

有时候我的抽动-秽语综合症就像是如瓢半月，我感到非常沮丧，总是很难坚持写完我的作业和做完家里的琐事。

有时候我的抽动-秽语综合症就像是微微的残月，我感觉自己困难重重，心里有更多的恐惧，需要老师和爸爸妈妈的帮助。

有时候我的抽动-秽语综合症就像是如银盆的圆月，我对自己说：“忘记它”。这个时候，我会感到非常气愤，并经常找咨询老师谈话。我也需要爸爸妈妈的帮助以向其他孩子解释自己身上所发生的事情。

活动3

说明

根据自己的情况填写以下内容。

不同阶段的月亮	我的抽动—秽语综合症的表现如何	我的感受
新月		
半月		
残月		
圆月		

你今天的感受是？______________________________

____

你感觉自己现在处于哪个阶段？____________________

____

上一个星期，你的抽动有哪些表现？

与今天的症状有什么不同之处？又有什么相似之处？

想一想，在学校的时候，因为你的抽动症状你制造了哪些滑稽的事情。在下方画出你在学校的抽动表现像月亮的哪一个阶段。

想一想，你很难控制抽动发作的时间段。画出此时自己的抽动像月亮的哪一个阶段。

活动4

抽动–秽语综合症阶段的前期计划

约旦度过了痛苦的一周。他的抽动–秽语综合症的严重程度已经超过了“半月”阶段，但是还没有到达“满月”阶段。他经常沉迷于电脑游戏，还叫爸爸妈妈买一台新电脑给他。每天一放学，他就冲出教室，迫不及待地想回家玩游戏。他甚至拒绝同学们邀请他玩其它的游戏；只想着要在现在的游戏中得高分。这使得他的妈妈不得不设置定时器，否则他会通宵达旦地玩。

后来，他的抽动变得更加严重了。他的字迹更加潦草；不得不花费更多的时间休息。他还丢三落四，把学校和家庭生活搞得一团糟。为了通过考试，他不得不耗费更多精力。约旦知道这不是自己的错，但是课后作业确实一直困扰着他。

约旦约见了他的咨询老师，他们讨论了抽动–秽语综合症的严重时期和缓和时期，有时候这种病症像是圆月，有时候又像是新月。老师解释说，约旦能够学会识别即将来临的圆月阶段：例如，他开始变得更加容易忘记或者写字的时候更加笨拙。老师决定制定一个有效的计划帮助约旦。在圆月阶段即将到来之前，他应该在新月阶段提前做好作业。当写字感觉困难时，可以使用电脑打字完成作业。在家中，他与爸爸妈妈也制定了一个有效的计划。他通过帮助做更多的家务来赚取买电脑的钱。

说明

对自己的抽动-秽语综合症每一阶段的行为进行描述，并说说你怎样能够帮助自己生活得更加轻松。例如，在新月阶段你会和其他小朋友相处融洽，这也是结交朋友的好时机。在圆月阶段，你会很难集中精力做好一件事情，因此你要学会帮助自己化繁为简。

月亮阶段	行为	我能够做的事
 新月		
 半月		
 残月		
 圆月		

活动4

根据自己目前的抽动–秽语综合症的阶段，提前制定接下来5天的计划。列举你能想到的每天的活动内容，然后写出你觉得怎样做会让自己的一天过得更加轻松。

第一天的活动____________________

为了帮助自己这一天过得更加轻松，我将会____________________

____

第二天的活动____________________

为了帮助自己这一天过得更加轻松，我将会____________________

____

第三天的活动____________________

为了帮助自己这一天过得更加轻松，我将会____________________

____

第四天的活动____________________

为了帮助自己这一天过得更加轻松，我将会____________________

____

第五天的活动____________________

为了帮助自己这一天过得更加轻松，我将会____________________

____

测评忧虑的等级

尽管泰勒和艾米担心的事情不同，但他们都有很多的忧虑。马丁内斯是他们的学校咨询老师，她经常帮助思想忧虑的孩子。她解释说，忧虑是担心的另一层面，每一个人有时候都会担心。但有些孩子反而过于担心自己所期望的事情而招致失败；而有些孩子却因为害怕面对失败，而放弃尝试做自己所期望的事情。

马丁内斯使用刻有1～10的“担忧温度计”来测量孩子们的忧虑程度。刻度1代表平静的感受，就像是在温暖舒适的地方小憩。刻度10代表极度恐惧，像感觉自己就要死去一样。她让泰勒告诉她他在雷鸣交加时内心忧虑的等级。他选择了刻度2， 因为他喜欢看到闪电。艾米却认为，自己一听到雷声滚滚就会闭上眼睛，直到雷声停止才敢睁开眼睛，于是她选择了刻度7。马丁内斯建议，当孩子们测评忧虑等级时，家长最好在孩子身边给予帮助和支持。

活动5

说明

说出你对以下标题的担忧程度。并把标题与刻度尺上的刻度对应连接。

开车旅行
访客
在自助餐厅吃午饭
在家用晚餐
剪头发
看病
做作业
数学课
噩梦
读书
休假
听写考试
响雷
过周末

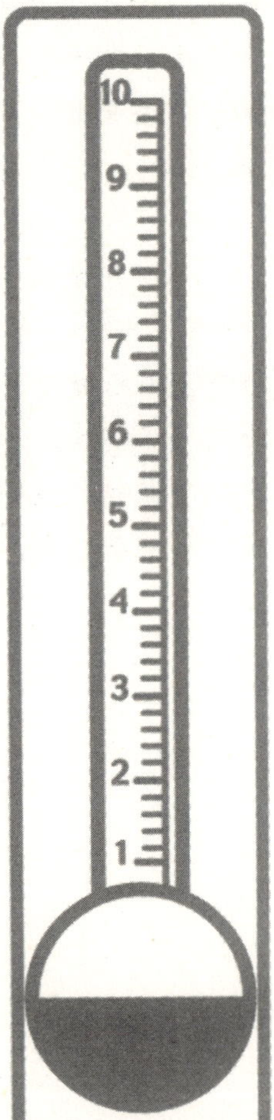

想一想生活中的其它事例，请尽力使用这个刻度尺进行测量。这些事例应尽可能包含以下每项内容。

- 你每天经常会做的事情，如刷牙。
- 你一年中很少做的事情，如看牙医。
- 你一生中很少做的事情，如举办婚礼。

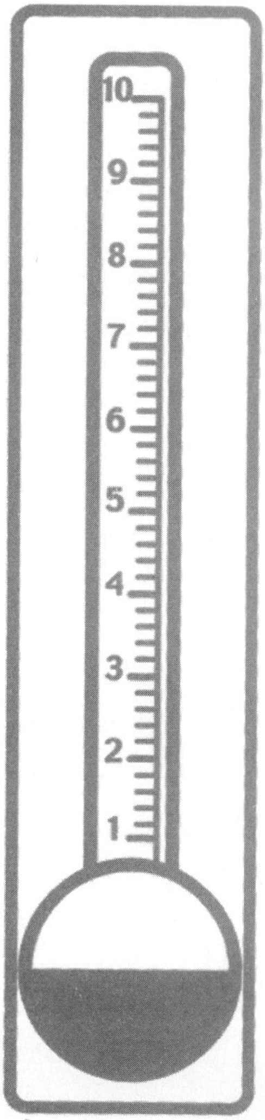

活动6

抽动–秽语综合症和强迫症

罗伯特患有抽动–秽语综合症，同时，他还患有强迫症。他的强迫症迫使他重复想起某种特定的事情，如玩游戏、玩棒球等。有时候，他在几分钟的时间内脑海里一直想象着玩棒球的场景，然后才会停止。但是他更加沉溺于想象玩电脑游戏，为此他甚至能够忘记做家务。

强迫症迫使他脑海里充满了玩棒球的场景，有时候他会做出双臂挥舞球棒的动作，就好像自己置身球场一样。他有时候还不得不做出这个动作两次或者三次。收集棒球卡也是罗伯特强迫症的一种表现，他总是想买很多的棒球卡。爸爸妈妈告诉他，他不可能收集所有的棒球卡，但罗伯特总是强迫自己实施这种行为。当爸爸妈妈对他的行为稍加阻拦时，他就会大发雷霆。

强迫症给罗伯特在与爸爸妈妈和老师的关系上带来了无边的烦恼。他尽力告诉自己："不要去做"，但这毫无作用。他的咨询老师帮助他制定了一项计划：请爸爸妈妈帮助他安排一个带锁的房间，这个房间仅供罗伯特玩游戏时使用。当罗伯特想玩游戏时，爸爸妈妈就把房间打开。计划的附加内容是允许罗伯特做一些轻微的强迫动作，这些轻微的强迫动作并没有在他的脑海里形成或者根深蒂固。例如，允许他触摸某物三次。

说明

与爸爸妈妈一起完成以下活动。在下面空白处列出你可能出现的强迫思想和强迫行为。

强迫思想	强迫行为

让爸爸妈妈监督你一个星期。如果你意识到自己还有其他强迫思想或强迫行为出现，把它们也添加到上面的列表中。

活动6

严重的强迫症思想或行为会长时间地阻止你正常的行为活动。这可能会给你带来很多麻烦和困扰，有时候甚至会给你带来伤害，例如，你总是咬自己的手指，直到流血。你可能会有轻微的强迫症思想或行为，但你自己并没有发现，这其中包括偶尔地砸嘴巴，当然这也是抽动−秽语综合症的表现。

如果你有比较严重的强迫症思想或行为，请列举出来：________________

____

____

如果你有轻微的强迫症思想或行为，请列举出来：________________

____

____

抽动–秽语综合症和多动症

切尔西患有抽动–秽语综合症，但是她也有多动症。在课堂上，她的多动症很难让她集中精力，总是要求老师重复讲解。切尔西也是“无组织无纪律的”，她总是忘记写作业，即使她完成了作业，第二天也会忘记把作业带到学校。

在班里，切尔西很难安静地坐下来。就算她刻意安静下来，偶尔也会情不自禁地大声喊叫或者从椅子上跳起来。课间休息时，同学们都不喜欢和她玩，因为她总是不遵守游戏规则。

说明

以下图片中，孩子们应该怎样做才能够做到有组织性或是能够帮助他们自己集中精力？请把答案写在下面的横线上。

活动7

即使没有多动症，许多孩子有时也很难做到集中精力、更有组织性或是保持安静。写出你自己的类似的经历。

____

____

____

____

你所做的有什么不同之处？______________________________

____

____

____

____

列举能够帮助你更加有组织性的三个事例。

1. ______________________________

2. ______________________________

3. ______________________________

活动8

向别人介绍抽动-秽语综合症

丹妮最频繁的发声抽动是打咕噜和吹口哨。有时候她的声音全班人都能听得到，她经常感到很羞愧。她希望老师和同学们能够理解这种行为是她自己无法控制的。

于是丹妮的爸爸妈妈拜访了她的老师，他们共同讨论她的抽动-秽语综合症。他们一起制定了帮助丹妮的计划：向身边的人介绍丹妮的抽动-秽语综合症并非自己能够控制的，希望得到大家的理解和支持。他们认为丹妮应该如此介绍自己：

我有抽动-秽语综合症，你听到我发出的咕噜声和口哨声了吗？这是这种症状的表现。我的身体和大脑迫使我做出这样一些行为。有时候我能够控制一段时间，但过后我依旧不能自已。集中精力控制我的症状会消耗很大精力，并且很难有成效。如果我打扰你了，请求你的原谅。我也希望能够控制自己抽动-秽语综合症，但是我现在还做不到。如果我能，我会控制自己的。

后来，丹妮的老师和同学们逐渐适应了她的症状，他们或忽略不计或视而不见。他们都能够理解每个人都有自己的不同，丹妮的抽动正是她的不同之处。

这项计划效果显著，此后丹妮在学校时感到很舒服。

说明

下面，让我们来拟定向别人介绍自己的抽动-秽语综合症的草稿。你可以把主要内容填写在下方的空白处或者另行拟定自己的草稿。

我有抽动-秽语综合症，你注意到我会经常________________吗？这是我的症状表现。我的身体和大脑迫使我做出这样一些行为。有时候我能够控制一段时间，但过后我依旧不能自已。集中精力控制我的症状会消耗很大精力，并且很难有成效。如果我打扰你了，请求你的原谅。我也希望能够控制我的抽动-秽语综合症，但是我现在还做不到。如果我能，我会控制自己的。

你认为什么时候适合使用这个草稿？________________________

____

____

在爸爸妈妈、咨询老师或者其他成年人面前反复练习这个草稿，直到自己能够流利地表达为止。然后，选择一位你的家人，并与其进行交流。并要求你的家人一起与你进行练习，直到自己满意为止。

在下一页的表格中对你的练习作出记录。

活动8

日期	与我一起演习的家人或朋友	演习效果

快速回答问题

卡尼尔希望自己在陌生人面前表现得更加自如、更加随意。当他的抽动-秽语综合症严重时，如果有家人或者朋友在身边的话，会对他很有帮助。周末的时候，他喜欢与叔叔一起逛音像店。他们会挑选周六晚上要看的电影，并寻找一些新的电脑游戏，一起决定买哪一种新的游戏软件。当他们一起玩游戏的时候，卡尼尔的抽动症状并不明显。但是在音像店时，他就会时常摇头，如果不被人注意的话，他和叔叔会在店里逗留得久一点。但有时候，人们会惊讶地看着他或问他问题。这时卡尼尔会对自己作简短的介绍：

我有抽动-秽语综合症，我很难过，但我不能控制它。如果我能够控制的话，我一定会的。

活动9

说明

抽动–秽语综合症常常会引起他人的注意，人们会对你产生好奇。如果你知道怎样回答他们的问题，你心里可能会感觉更加舒服。如果有人问你关于抽动–秽语综合症的问题，你可以在父母的帮助下制定一份你回答问题的答案。你可以在以下空白处写出你的答案。

对你遇到的陌生人，你应该说：____________________

____

____

对老师，你应该说：____________________

____

____

对你的好朋友，你应该说：____________________

____

____

对你的理发师，你应该说：____________________

____

____

有时候你所在的场合让你只能简短地介绍抽动–秽语综合症。这个时候，你可以只是简单地介绍说："对不起，我有抽动–秽语综合症，我不能停下来，如果我能够做到，我一定会控制的。"

你认为这个简短的介绍什么时候会对你有帮助？______________________

____

____

____

____

活动10

怎样面对围观

布拉德·科恩是小学老师，也是《站在学生面前：抽动-秽语综合症教我成为梦寐以求的老师》一书的合著者。他的抽动就非常引人注目，他会经常有突发性发声，并已经习惯引来围观。以下是布拉德的对话：

问：布拉德，你的抽动-秽语综合症是轻度、中度还是重度呢？

答：我的综合症属于重度，因为我的突发性发声非常严重。

问：你的哪种症状备受瞩目？

答：我通常会大声吼叫。有些人说是“重击”声，有人说是“呸！”声。因为声音实在洪亮，因此经常会引来人们的注意。我也会做出面部抽动，我的脸会变得非常滑稽，有时我的脖子也会剧烈地抽动。

问：你通常什么时候发现人们正在盯着你？

答：人们总是盯着我看。对此，我已经习惯了。尤其是如果人们不了解抽动-秽语综合症时，情况会更加糟糕。但是，即使他们知道我有抽动-秽语综合症，他们也会盯着我看。

问：当这些发生时，你是怎么处理的？

答：首先，不要介意，让它顺其自然。我知道制造噪音和发声抽动不同。人们对我围观，是他们不知道事情的真相。当他们了解到我有抽动-秽语综合症的话，他们会走开。不了解抽动-秽语综合症的人，或者会继续围观，或者会离开后每隔几分钟回头看我一次。

有时候，当人们回头望我时，我也恰恰回头看。这时，他们通常会停止再关注我。如果有机会，我会给他们解释我的症状。但被更多陌生人围观时，我就鲜有机会解释了。

问：当患有抽动–秽语综合症的孩子面临人们的围观时，你有什么更好的建议？

答：不要被人们的目光困扰，习惯成自然。事实上，不久后，你会不得不习惯人们关注的目光。在公共场所，我的家人和朋友更加担心人们对我的围观。但我从患有抽动–秽语综合症时，就学会了习惯。我和大家一样热爱生命，我不会让人们的目光困扰我的生活，阻止生活里的真我风采。

活动10

说明

想一想，当人们盯着你看时，你通常在哪儿？______

______

______

发生什么事情了？______

______

______

你是怎样做的？______

______

______

你有解决这种问题的方法吗？如果没有，你能够做什么呢？

______

______

______

______

活动10

你可以接受在以下哪个场所被人围观？将你能够接受的场所圈起来。

家	校车	公共休息场所
卧室	音乐课堂上	照相馆
餐厅	家庭聚会	步行回家的路上
饭店	夏令营	班会
在别的小朋友家过夜时	车里	运动会
杂货店	电影院	教堂

其它________________________________

有些孩子发现在自己熟悉的场所时，病症不容易表现出来，这些场所包括学校或者有爸爸妈妈陪伴的场所。你有让自己感觉更加舒适的场所吗？

____

____

你什么时候会忽略别人的围观？________________________

____

____

你什么时候会做出解释？____________________________

____

____

如果有人嘲笑你时，你会怎样做？________________________

____

____

活动11

帮助他人体验抽动-秽语综合症

一天，杰森的体育老师在课堂上推出一个轮椅，要求每一个同学轮流坐在轮椅上，让他们都有机会体验不能走路时坐在轮椅上的感受。此外，老师还要求他们在课堂上都闭着眼睛，体会盲人的感受。

杰森虽然向爸爸妈妈、朋友、陌生人等介绍了抽动-秽语综合症，并希望得到他们的理解。但是，他更希望他的同学、朋友、家人体验患有抽动-秽语综合症的感受。如果他们对抽动-秽语综合症的表现深有体会，他会感到更加轻松。当他抽动时，他就不用再担心他人对他的好奇和猜测了。于是，他将自己的想法告诉了心理老师，他们一起玩“抽动-秽语综合症游戏”。晚上，他还和妈妈一起玩了这个游戏。通过这个游戏，妈妈更能够深刻理解抽动-秽语综合症带给杰森的苦恼。

说明

你可以与爸爸妈妈、亲戚、朋友、老师或者其他人一起玩“抽动-秽语综合症游戏”。玩游戏时，你需要一个定时器，你也可以使用闹铃或手表。在你开始游戏前，要先填写下方的空白处：

我的一个爆发性发声抽动是______________________________

我的一个肢体抽动是______________________________

我最喜欢的小于10的数字是______________________________

然后大声阅读下面的文字，并插入自己的语言：

抽动-秽语综合症游戏帮助你了解什么是抽动-秽语综合症。你需要遵守游戏规则，然后告诉我你的最终感受。当我说“开始”时，你就开始唱：“祝你生日快乐。”连续唱两分钟。每次唱到“祝你”时，你的手要拍打我喜欢的数字的次数，这是________________。每次你唱到“生日”时，你的身体要抽动，这是________________。每次唱到“快乐”时，你的声音要颤动，这是________________。

认真地阅读规则两次，然后开始计时。如果玩家要求你再次阅读这个规则，你需要满足玩家提出的要求，但是不要停止计时。你不能帮助他们，但你可以指导或纠正他们。两分钟的时间到时，请喊“停止”。

然后问玩家以下问题。

活动11

1. 在你开始玩游戏以前，你的感受是怎样的？
2. 在你玩到中间环节时，你的感受是怎样的？
3. 游戏结束时，你的感受是怎样的？
4. 你能够尽可能多地唱“祝你生日快乐”吗？
5. 这个游戏比你想象中的困难吗？
6. 你有什么感受和心得与我分享？

你喜欢的另一个玩家是？ ______________________

掩饰抽动

你曾经尽力掩饰打喷嚏或者打嗝吗？有时候，你能够掩饰得天衣无缝，没有人会注意到，但有时候你却不能够达到理想的效果。抽动亦是如此。有时候，你能够自然地表现你的抽动，有时候你可能会因为自己的发作而感到羞愧，并想尽力地掩饰。有些场所能够帮助你完美地掩饰，而有些场所并不能如你所愿。

活动12

说明

想想一次你成功轻松地掩饰抽动的经历。

地点？______________________________

发生了什么？______________________________

____

想想一次你没能成功掩饰抽动的经历。

地点？______________________________

发生了什么？______________________________

____

你知道“伪装”这个词的意思吗？你可以查字典或者请教他人，写出这个词的定义：______________________________

____

这里有两种方法可以控制你的抽动。一种方法是伪装，或者是尽力掩人耳目。例如，你经常嘴部抽动，当有症状表现时，你可以用东西遮掩。你还能想到其他的例子吗？

____

____

将下面的面具涂成彩色，以帮助你掩饰自己的症状不被人关注。你可以使用迷彩色伪装或在黑夜里使用黑色，或者根据你自己的想象发挥。

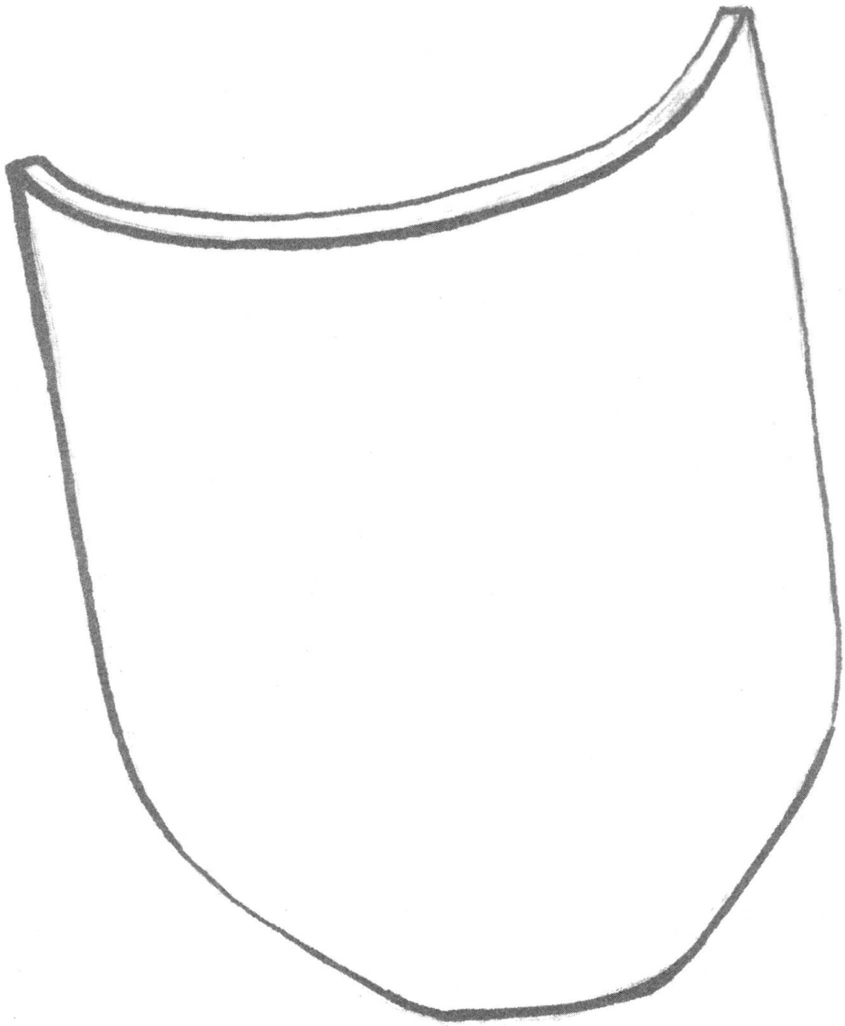

活动12

另一种掩饰抽动的方法是通过大胆的设想转移他人的注意力。例如，如果你经常用手挠头发，那你可以在头发上喷上发胶，用手指梳理，这就不会引起他人的好奇。你还能想到其他例子吗？

将下面的面具涂成彩色，以提醒自己会被他人关注。

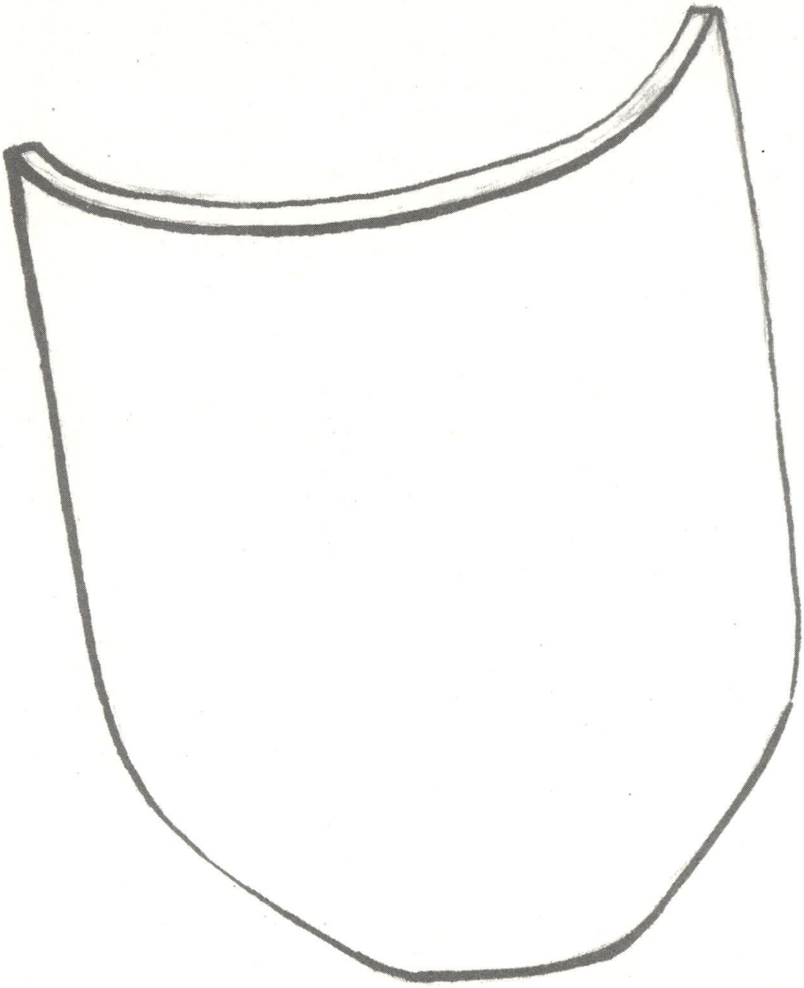

在以下场合，如果你采用伪装的方法掩饰，在下方空白处填写A，如果你使用了大胆的设想掩饰，请填写B。

__________学校图书馆

__________父母的车里

__________在家看电视

__________在爷爷家的早餐桌上

__________在快餐厅

__________数学课上

__________音乐课上

__________遇到一个新朋友

__________公园

__________自己的生日晚会上

活动13

发挥幽默感

泰勒是一个机敏的孩子，她能够聪慧地掩饰自己的抽动。当她鼻子抽动或清喉咙时，她会假装咳嗽，并使用纸巾掩饰。她的咨询老师帮她出此良策，避免了她在公共场所的尴尬气氛。

特拉维斯发现自己的抽动很难伪装，于是他请求咨询老师的帮助。他们一起苦思冥想，最终发现使用幽默的方法能够掩饰自己。当他咂舌头、摇头晃脑时，他假装着玩空气吉他，他也会开玩笑分散其他孩子对他的注意力，咨询老师给他的建议是：

- 学会讲不同的笑话，避免说同一个笑话。
- 有些人喜欢有幽默感的人，而有的人却没有幽默细胞。
- 有些特定场合，发挥你的幽默感会给你带来麻烦。
- 老师会帮助你正确发挥你的幽默感。
- 当你需要时，请朋友讲幽默的笑话，帮你解围。
- 模仿玩笑有时候会激怒其他人。

说明

这里有更多的方法帮你发挥幽默感。在那些你已经尝试过的方法前打“√”。

________1． 在每个周末，都要学会讲几个新的幽默笑话，当抽动发作时，立即讲给别人听。这不适于学校的场合，特别是在课堂上或考试中。

________2．在课堂上，当你制造了很大的声音，而自己又不能控制时，你的老师将会帮助解围：“上帝保佑你”，好像你只是打了喷嚏。

________3．自己发作的声音用“谐音”代替。例如，你轻咳时，可以用“呃”声掩饰。

________4．参加戏剧表演班，让自己成为真正的戏剧演员。

写出你自己能想到的其他方法：________________________________

____

____

____

____

____

活动13

请爸爸妈妈帮你确定一下当你的抽动发作时，什么时候才可以使用幽默，并与他们一起练习。记住，患有抽动-秽语综合症的孩子使用幽默，就像是骑摩托车时你带的头盔，将会保护你。

在下方画出你使用幽默时的图画。

信号的使用

多米尼克和山姆都患有抽动—秽语综合症。一次，多米尼克参加山姆家的聚会。山姆的妈妈对房间特意进行了布置，并制作了特殊的食品。每个人都身着盛装，而且彬彬有礼。多米尼克从来没有听过那么多次“请”和“谢谢”。

当多米尼克和山姆在一起时，他们通常会担心自己的抽动。于是，在这个聚会上，他们都想尽力地掩饰，希望表现得更加自然。后来，山姆看到妈妈过来拉着他的耳朵，妈妈点着头，和他一起走进山姆的卧室。门刚刚关上，山姆的症状表现出来了，他发出了很大的喘息声。这是山姆最严重的一次抽动。

当山姆很小的时候，妈妈经常会拉着他的耳朵，提示山姆应该放松自己，让他压抑的抽动症状发泄出来。现在，山姆慢慢地长大了，他也经常给自己信号，让自己学会放松。有时候，妈妈一点头，山姆就会到一个适宜的场所，以避免他人看到自己的抽动发作。妈妈使用信号成功地帮助了山姆避免抽动发作时遭遇到的尴尬境地。

山姆在学校也有一个完美的方案。老师的讲桌上有特制的出入证。当山姆需要离开教室时，他会得到老师的允许，拿着这张出入证去校医办公室。

多米尼克相信使用信号的方法的确是一个很好的主意。他决定为自己在家和学校制定一个适合自己的方案。

活动14

说明

在一个固定的场所或固定的人群中，你可能会更加轻松地释放自己的症状。列举你在哪些人面前，即使出现抽动，也会感觉到轻松自如。

____

____

列举当你出现抽动时，你并不会感觉到负担或难堪的场所。

____

____

要求你的爸爸妈妈和咨询老师帮助你选择家中的某个地方或者是学校里的某个场所，在此你能够隐避自己，让抽动症状释放。写出这些场所：

在家中的______________________________________

在学校里的____________________________________

在家你会使用什么样的信号，或者爸爸妈妈会给你发出什么样的信号？

____

____

在学校你会使用什么样的信号？__________________

____

说“脏”话

无论什么时候，当你看见下面卡通图画中的符号时，你可能认为他们在说脏话，但其实，这只是患有抽动–秽语综合症的孩子们的发音，它们很难拼写出来。那是他们的“咒骂”“起誓”或者“亵渎”。

有时候，我们很难听懂一个患有抽动–秽语综合症的人的语言或发音。他们可能是在咒骂、起誓、亵渎。

但是患有抽动–秽语综合症的人会情不自禁地说出这些“脏”话。这是秽语症的临床表现。每一百个患有抽动–秽语综合症的人中间，就有十人患有秽语症。

活动15

说明

想一想，你曾经说过的“脏”话，回答以下问题。

你的抽动–秽语综合症中，会出现秽语症症状吗？ 是 否
如果有，没有警告的情况下，你会说“脏”话吗？ 是 否
当你生气的时候，你说“脏”话吗？ 是 否
你能够控制自己吗？ 是 否

如果你能够控制自己，请描述当时的情景。____________________

____

你的咨询老师知道你做出的以上答案吗？ 是 否
你的爸爸妈妈知道你做出的以上答案吗？ 是 否
患有抽动–秽语综合症的其他人也会对你做出粗鲁的行为。你遇到过这种情况吗？ 是 否
因为你的秽语症你感到过尴尬吗？ 是 否
你和你的同学讨论过秽语症吗？ 是 否
当你的秽语症状在学校发生时，你有自己的计划吗？ 是 否

如果没有计划，你将会和谁讨论？____________________

____

如果你有计划，请描述一下。____________________

____

友谊

凯尔西有一个好朋友叫萨拉。她们同一年出生，知道彼此许多小秘密。她们两个都喜欢马，经常一起去马场，她们也花费很多时间在网上学习骑马技术。凯尔西患有抽动症，当她感到羞愧或难堪时，萨拉经常帮助她。凯尔西的数学成绩优异，她也经常辅导萨拉数学。

凯尔西也有一些不同年龄的朋友。她的邻居安妮，经常照顾关心她。她们会在一起弹吉他，一起去外面吃冰激凌。她们已经认识很久了，即使她们不同龄，也喜欢在一起玩。凯尔西也很喜欢她的小姑妈，周末她们经常一起狂商场。她们还会尝试做一些新的食谱。虽然她们是亲戚关系，但她们却像朋友一样。

活动16

说明

对下面关于朋友的陈述，在你认为是正确的那条前面画“√”。

________朋友就是你对他或她非常了解。

________朋友就是你几天前认识的人。

________朋友就是知道你秘密的人。

________朋友就是当你需要他或她时，会给你帮助的人。

________朋友就是当你感觉孤独时，陪伴你的那个人。

________你有很多朋友。

________你的朋友除了你以外还可以有其他朋友。

你认为什么是好朋友，请用自己的语言表达出来，或者你可以画一幅图画，表达你的想法。

活动16

列举出与你年龄相同的朋友的名单。______________________

____

____

列举出比你年龄大的朋友的名单。______________________

____

____

列举如你朋友一样的亲戚或长辈的名单。______________________

____

____

你最喜欢与谁聊你的抽动–秽语综合症？______________________

____

____

你喜欢和他们说些什么？______________________

____

____

结交新朋友

当凯利转学到一个新学校的时候，她发现自己很难结交新的朋友。她更喜欢和以前的好朋友一起玩。因为他们了解她的发声抽动和动作抽动，他们都不会介意这些。朋友们还知道凯利对芭蕾非常痴迷，所以他们会非常有耐心地为她讲解芭蕾舞剧《胡桃夹子》的台词和表演。

于是，凯利去找咨询老师，讨论该怎样在学校结交新朋友。他们总结出了以下内容：

- 当你走向他们的时候，观察他们的身体语言。如果他们转身对你微笑，或者友好地看着你，这意味着他们喜欢和你聊天。
- 你可以主动与同学聊天。如果在一个团体内，你要积极发言。
- 你要微笑着向同学打招呼。
- 你们可以谈论双方都知道的主题内容，如学校内发生的事或者近期的新闻。
- 当同学与你谈话时，你要表现出自己的兴趣。
- 对友谊不要急于求成。和同学交往一段时间后，再邀请同学去你家玩。

咨询老师说，其实有很多同学也非常喜欢结交新的朋友。通过这次谈话后，凯利对结交新朋友充满了希望。

活动17

说明

想一想自己曾经的友谊，想一想结交新朋友的重要因素是什么。在下方空白处，说说你已经拥有了哪些新朋友。

朋友的名字	你们在一起时，通常玩些什么	你为什么喜欢这个朋友

列举三个你喜欢的话题：

1. ______

2. ______

3. ______

在开始每一种话题前，你怎样做出简单的表达。例如，如果主题是骑自行，你可能会说：“嗨，我喜欢骑自行车，你呢？”

1. ______

______

2. ______

______

3. ______

______

描述一下在今后的几个月里，你打算怎样结交新朋友。

______

______

______

如果你和新朋友在一起时，你的抽动-秽语综合症表现得非常明显，你将会怎样做？

______

______

______

活动18

不同的感受

马克和蒂芙尼对不同的事情有不同的感受。当马克玩篮球时，无论胜负他都感到非常开心。但是蒂芙尼如果在球场上失利，她就会非常难过。蒂芙尼非常喜欢玩过山车，但马克内心却充满恐惧，担心自己会摔在地上。在学习上，他们也有不同的感受。马克的数学测试成绩惨不忍睹，他感到非常气愤。蒂芙尼的物理成绩落后，她难过得经常哭泣。

他们也对抽动–秽语综合症有不同的感受。蒂芙尼会无意识地眨眼，她为此非常苦恼。如果有朋友在她身边，她感觉会舒服些。马克会重复性地抽动鼻子，他也为此难过，很希望自己能够停止。

说明

按照说明对下图涂上颜色。

疯狂=红色
高兴=橙色
担心=黄色
羞愧=绿色
伤心=蓝色

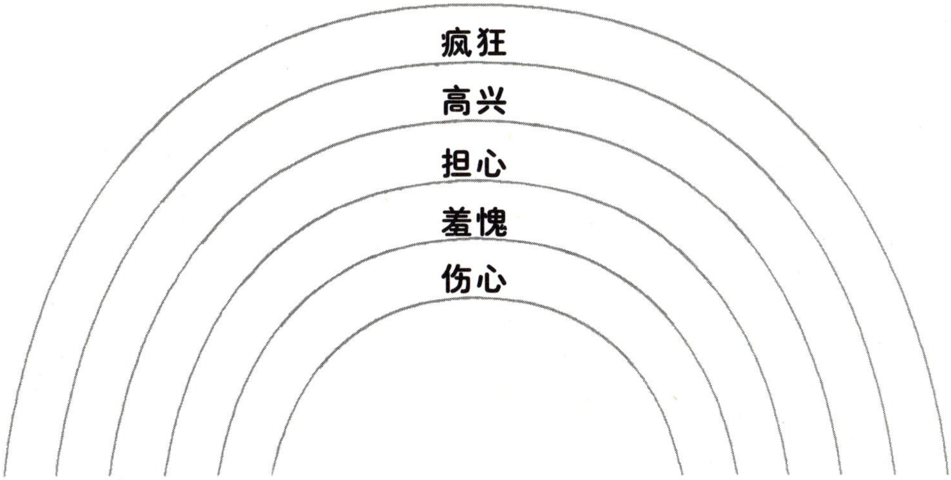

活动18

在下图中，用不同颜色描绘出每一张脸的表情，然后完成下面的表格。

表情	描写感受

现在，讨论一下你因为患有抽动–秽语综合症而做出的以上表情中的任意一种，用自己的语言进行表达。

游戏的感受

当你学会控制自己的抽动–秽语综合症时，你将会有不同的体会。你要学会识别自己不同的感受，并将自己的心得和体会与他人分享。

以下列举了一些普通的感受：

- 亚历山德拉想要买一条牛仔裤，但这条牛仔裤的价格超出了父母预望的价格。于是父母告诉她，她可以通过节省自己的零花钱买到这条牛仔裤。最后，她通过自己的努力，如愿以偿地买下了这条牛仔裤。
- 文森特节省了三个月的零花钱，想购买电脑游戏软件；但还是买不起，他感到非常气愤。
- 莎拉想学打篮球，但她的投篮不是很好。她的表哥说他会帮助她。有一天，表哥来找她，当他们去篮球场时，却发现篮球场的大门给锁上了，因此他们不能玩了。她的表哥不能教她投篮了，她感到非常难过。
- 埃文和朋友们去海滩。他们整个上午都在海里冲浪，他度过了一个快乐的时光。但是有风的时候，海浪汹涌。这时候，他的朋友兴致高昂，而埃文却不敢下海。
- 安妮的父母想为她举办了一个特别的生日聚会。他们计划了一个生日宴会，但没有提前告诉安妮。生日当天，安妮收到了一份惊喜。

活动19

说明

下面这个游戏可供2～5个人玩。此外，你还需要一个骰子。以下是游戏规则：

1. 从年龄最小的玩家开始。
2. 他滚动骰子，骰子会显示点数，匹配下图中对应的感受。如果骰子的点数是六点，他可以选择自己的感受。
3. 根据自己骰子的点数，参考相匹配的感受，做出表情。然后根据自己的体验，表达自己的感受。
4. 顺时针轮流到下一个玩家。

伤心　疯狂　伤心　惊讶　恐惧　自己选择的感受

每个星期玩两次这个游戏，直到你对这个游戏非常熟悉。你还可以增加点数，并随之增加其他的感受，如愧疚、担心、受挫、无助、烦躁等。

创造性地表达自己的感情

坎迪斯的老师说过，如果你感到心烦意乱，日记会对你有所帮助。通过写日记可以把自己的感受表达出来，心情会变得舒畅。坎迪斯喜欢记日记，但他更喜欢在电脑上敲打键盘写日记。事实上，不论手写还是电脑输入，将自己的内心感受表达出来，就会有利于身心健康。她的其中一篇日记如下：

今天在公共汽车上，我上车时仅剩下一个座位了，但这个座位紧挨着一个男孩，那个男孩又占据了这个座位的大部分空间，剩余的空间太小，我几乎都坐不下了。为此，我感到非常气愤。

坎迪斯的哥哥山姆喜欢画画，他认为画画比记日记更能表达自己的感受。山姆常用不同的颜色和图像表达自己不同的感受。

活动20

说明

学会恰当地表达自己的感受，会对抽动-秽语综合症有所帮助，当然，这需要一些方法。阅读下面的观点，想一想是否是一个有效的方法来帮助你。

对这些观点，如果你认为是一个有效的方法，请回答“是”；

如果你认为这不是一个有效的方法，请回答“否”；

如果你认为这可能是一个有效的方法，请回答“可能”。

写一篇日记 ____________________

记录你的所思所想 ____________________

画画 ____________________

拍照 ____________________

向爸爸妈妈或长辈倾述 ____________________

在电脑上写日记 ____________________

其它 ____________________

想一想你今天最强烈的感受，并在下面的空白处，画出一张图片表达这种感受。

活动21

在学校的感受

托尼在学校的不同课上会有不同的感受。他喜欢史密斯老师的阅读课，所以每次上史密斯老师的课，他都会非常认真和开心。他也喜欢课间休息和音乐课。但是，当中午走进学校食堂，他会感到羞愧，因为他的抽动非常明显。而且，并不是所有的同学都了解他和他的抽动-秽语综合症。

托尼喜欢去校医办公室。如果需要的话，学校护士会给他创可贴和一些药。但是，在美术课上，托尼会感觉到尴尬。他善于画卡通画，也曾经做过很多卡通画方面的练习，但是在美术课上，如果美术老师要求同学们尝试一种新的画风时，托尼会非常担心。如果他认为自己做得不够好，他会和自己怄气。每当这时，老师会让他休息片刻，喝一杯水，在他感觉平静时，再回到教室。

说明

在学校里，你可能在不同的教室会有不同的感受。如果需要帮助，你可以告诉你身边的很多人，如老师、学校的医生、心理老师、老师助理等。

想象一下下图就是你的学校，想象一下你对每个教室的不同感受。然后根据自己的感受，用不同颜色描绘出你对不同教室的感受。

橙色=高兴
红色=疯狂
蓝色=伤心
紫色=担心
绿色=羞愧

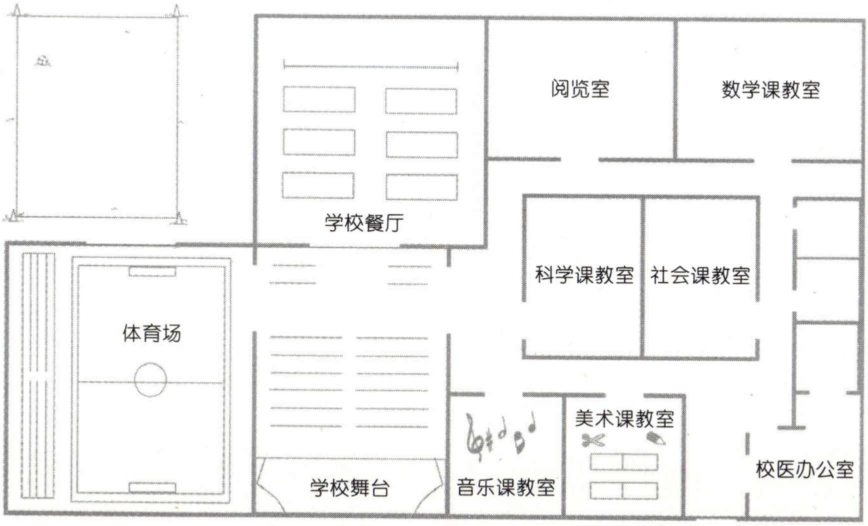

活动21

说说你在哪里会感到开心，并说明原因。______

______

______

说说你在哪里会感到担心，并说明原因。______

______

______

在学校里，你最喜欢和谁交流？

______

______

适应中学生活

阿里尔在秋季入学，开始了她的中学生活。之前的整个暑假，她一直在担心自己是否能够控制自己的抽动-秽语综合症。以前，她每隔50分钟就会更换教室。如果她需要调整下一节课的状态的话，课间她要有三分钟的时间去更衣室整理情绪。

当她把自己的感受告诉妈妈时，妈妈安排了阿里尔在开学前参观学校。在她们参观学校时，阿里尔发现奇数教室在走廊的这一边，偶数教室在走廊的另一边。学校是两层的教学楼，学校二层教室的门牌号以数字200开始，然后依次增加。后来，校务处打印了一份班级示意图和一份学校地图，她们如图所示参观了整个学校。于是回家后，阿里尔在家开始锻炼熟悉学校环境。

阿里尔也非常担心她不能打开锁，特别是在时间紧急的时候。于是她爸爸帮她买了一个号码锁让她练习，下来是她记录下来的使用说明。

把锁握在手里。

用另一只手顺时针转动拨号盘三次，以清理锁上的数字，无需逆时针转动。

然后，保持顺时针转动，在号码锁的第一个数字处停止。

现在逆时针转动拨号盘经过号码锁的第二个数字。在再一次到达这个数字处停止。

顺时针转动拨号盘，在第一次到达第三个数字处停下。

把锁打开。

活动22

阿里尔和爸爸一起锻炼，不久后，她就可以轻松地把锁打开了。

当学校开学时，她手里时常拿着一份复印的示意图。一个星期之后，她不需要看教室的门牌号，就知道自己上课的教室。她还可以轻松地打开号码锁，当然，如果有问题的话，她会查看使用说明。

说明

根据下面的地图，认真阅读教室的名称。

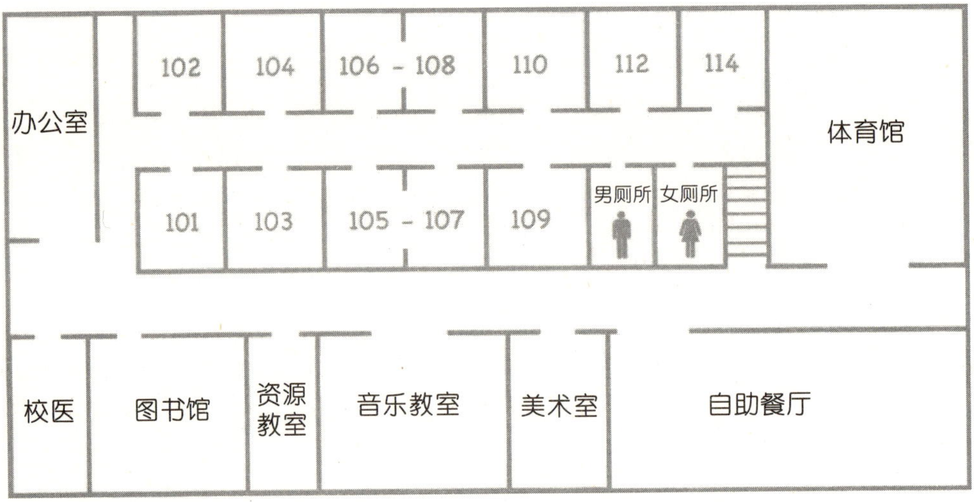

参考以下说明：

在乐队教室——112教室和103教室画“X”。

在自助餐厅画一个汉堡包。

在办公室画一支铅笔。

沿走廊画一条从体育馆到图书馆间的连接线。

在你通常去的休息室画一颗星星。

用手指指出阿里尔安排的地点：

实践课——102教室

体育馆

英语课——110教室

音乐教室

午餐

数学课——105教室

科学课——114教室

社会科学课——101教室

现在做一份自己的计划安排表，并用手指指出计划的内容。

活动23

在宗教场所控制抽动-秽语综合症

露丝和她的家人每个星期都会参加宗教服务。在她小的时候，她会去儿童宗教服务场所唱歌、画画。现在露丝长大了，她要和家人像教堂里的每一个人一样，在一起保持安静、站起和坐下。但对于患有抽动-秽语综合症的孩子来说，做到这些非常困难。

于是，露丝和她父母写下来3条最重要的规则：

- 像大家一样站、坐、跪。
- 在祈祷期间保持安静。
- 如果控制不住自己，一定要说话时，要小声点。

露丝也告诉父母，在宗教场所，有三件事情是非常难以控制的：

- 不能保持长时间的安静。
- 穿的鞋子好像非常不合脚。
- 人们会关注她的抽动。

在看过上面的清单之后，露丝和爸爸妈妈制定了一个计划。第一个星期，他们卡时间在做礼拜刚刚开始前才到达，并紧挨着坐在最后一排，后来还提前一小会儿离开。此后每个星期他们会对计划进行调整，以帮助露丝慢慢适应整个时间过程。当露丝的抽动-秽语综合症处于圆月阶段时，很多问题对她来说很难控制，她将会和爸爸或妈妈留在家里，阅读圣经或颂歌，借以表达对信仰的崇拜。

说明

想一想，在宗教场所发生在自己身上的事例。列举三个你最重要的规则：

1. ______

2. ______

3. ______

在对你而言最难的规则上画“X”。

然后，在容易实现的规则上画一个星星。

如果有爸爸妈妈的陪伴，你会感觉到更轻松些的话。和爸爸妈妈一起阅读以下内容，在能够帮助你的办法前画“√”。

______穿的衣服和鞋子要舒适得体。

______当礼拜开始前，让他人为你保留一个座位。

______坐在抽动时不容易被发现的位置，例如最后一排。

______在颂歌时，可以借喝水或者去洗手间稍作休息。

______提前离开一会。

______在礼拜前后，自愿发放小册子。

______更换座位。

______参加礼拜要选择不拥挤的时候或者一天中你感觉最轻松的时候。

______如果参加礼拜是以视频或者录音带的形式，而你的症状严重或者处于圆月阶段的话，你可以在家做礼拜。

______经过父母的同意，参加礼拜时，你可以稍作休息，或者在适宜的时候，参加宗教活动。

活动23

______私下与宗教主持人制定一份计划。

写出你的其他想法。______________________________

____

____

____

____

现在制定一份计划，该计划将会帮助你遵循一个重要的规则。你只要一次解决一个问题，并尝试用不同的解决方案，直到发现对自己最有帮助的方法。记住，随着抽动-秽语综合症症状的变化，你的计划方案也要随之改变。

在下面空白处写出或画出你曾经做出的尝试。

在电影院控制抽动-秽语综合症

克里斯多佛喜欢和他的朋友西德去电影院看电影。他的爸爸妈妈相信看电影对克里斯多佛来说是一个很好的体验，电影院确实也是一个很好的休闲度假场所。但是，当克里斯多佛的抽动比较严重时，爸爸妈妈并不希望他去看电影。所以，他通常避开电影院的高峰期，因此克里斯多佛和西德经常去看日场，因为日场的观众比较少，他的抽动也不会太引人注目。他们通常选择比较安逸的座位，并且紧挨通道，这样当电影结束时，他们能够快速离开影院，无需和其他观众拥挤。

每次都提前制定一个小计划，这样，克里斯多佛和西德总会在电影院度过一段快乐时光。

活动24

说明

想一想自己最后一次去电影院的情景。以下列举了让你在电影时院看电影更加舒适、开心的方法。在对你有帮助的方法前画“√”。

______看早上的日场电影。

______坐在通道边，如果需要休息，可快速离开。

______电影结束后为避免拥挤，要提早快速离开。

______让他人帮你保留座位，你可以在电影刚开始时入场。

______如果你有发声抽动，你可以坐在电影院的略前排。电影的声音能够掩饰你的发声抽动。

______提前买电影票，或者在自动售票处购买，以避开排队购买。

______咀嚼口香糖，以掩饰发声抽动。

为了帮助你确定自己最喜欢在电影院看哪种新电影，你可以看看下面这个评判标准，你自己也可以制定一个。

我会决定立刻去看电影，当电影上映后，我也会买光盘。

=★★★★

我可以等待一段时间，但是一定会在电影放映的前两个星期去看。

=★★★

我会等着租盘看。

=★★

我不喜欢看电影。

=★

选择电影院正在上映的三部电影，并进行评级。

电影：________________ 你的评级________________

电影：________________ 你的评级________________

电影：________________ 你的评级________________

活动25

着装

爱丽丝和朋友玛丽即将参加舞蹈七级考试。为此，她们和妈妈去大型商场购买她们喜欢的裙子。玛丽找到了她能付的起的自己最喜欢的裙子。爱丽丝想要外观漂亮而且质地舒适的裙子，她不喜欢粗糙的面料或领口带蕾丝边或带修饰物的裙子，那些纺织面料会让她感觉舒服。她偏爱蓝色，最终她发现了一条自己非常喜欢的蓝色裙子。

杰森的姐姐快要结婚了。他会成为婚礼的招待，届时不得不身穿半正式晚礼服。他的姐夫希望所有的招待都穿这种礼服，因此杰森不能选择自己喜欢的礼服。当他测量尺寸时，他不得不安静地站在那儿，但他很难做到这点。杰森的爸爸说，杰森的上衣要大出一个尺码，因为他知道杰森不能忍受脖子被紧紧地包裹着。

爱丽丝和杰森都患有抽动–秽语综合症和强迫症，尤其在特殊的场合，不适宜的着装会让他们的症状表现得尤为强烈。

说明

下一次去购买特殊场合穿着的衣服时，记住以下暗示将会对你有所帮助：

- 要注意衣服的领口。不要买感到粗糙或者紧绷的衣服。
- 不要买腰部紧绷的衣服。试着坐下感觉看看衣服是不是舒适得体。
- 选择感觉舒适的面料。
- 新鞋伤脚，因此在参加特殊场合前，新鞋最好先每天穿一会儿。

拍一张你盛装的照片，贴在下方。

活动25

当你身着盛装的时候，你的感受是：

说说你身着盛装时出现的一些问题：

下一次遇到相同的事情，你会怎么办？

这两次的表现有什么不同之处？

等待

安德鲁并不喜欢等待。当他在比较吵闹的地方等待时，他会感到难以名状的烦躁，这些地方包括医生的办公室、饭店、排长队等待的场所。在安德鲁很小的时候，他就有这个问题了，那时他也不会有片刻的安宁。他的父母想了很多办法帮助他学会等待。

当安德鲁约见医生时，他总会拿一本书或者拿一张画板。当一家人排长队的时候，他们总会玩些游戏，如“我是间谍”或“接字游戏”。随着安德鲁年龄的增长，他们开始玩比较有挑战性的游戏。当安德鲁一家在等待用餐时，他们会玩五子棋游戏或者扑克牌。在爸爸的车里，安德鲁有一个装满了“游戏”的包裹。他并不是总需要它，但这个包裹对他却很有帮助。

活动26

说明

在哪儿你需要等待？

在等待的时候，你会做些什么？

当你感到无所事事时，会发生什么事？

以下是帮助你在车里消磨时间的建议。在对你有帮助的建议前画“○”，然后整理保存。把你感兴趣的其它建议拿来与大家一起分享。

一副扑克牌	杂志	水彩笔和转笔刀
笑话书	小旅行游戏	折纸书
纸张或笔记本	口香糖	字典
小工艺箱	骰子	纵横拼字谜
管道清洁剂	书籍	橡皮筋球
连环漫画册	其他：	

以下游戏至少需要两个人一起玩。有空的话对这些游戏多加练习，那样在你消磨等待的时间时，就会有更多的选择。

五子棋

在饭店等待用餐时，可以玩五子棋。你可以使用筷子做格线，用糖果做棋子。

接字游戏

选用一个成语，然后接成语的最后一个字。

例如：胸有成竹→竹报平安→安富尊荣→荣华富贵→贵而贱目→目无余子→子虚乌有→有目共睹→睹物思人→人中骐骥→骥子龙文→文质彬彬→彬彬有礼→礼贤下士→士饱马腾→腾云驾雾→雾里看花→花言巧语→语重心长→……

命名游戏

一个人清唱一首歌曲或流行歌曲，让其他人说出曲子的名称。

画画接龙游戏

许多人轮流在一张纸上画画。第一个人画一个主题的一部分，但不告诉其他人这个主题是何物。第二个人接着补充，直到每一个人都有机会画完图画——或者直到开始用餐！

你还可以自己玩以下游戏。

- 把橡皮球穿成一个橡皮球链。
- 玩弹球。
- 在阅读杂志的过程中，看看你会有多少种自己可以说出的感受。在医生的办公室，采用这种方法尤其有效。

活动27

外出就餐

尼古拉斯一家人喜欢在周末外出用餐。在选择餐馆方面，全家人总会考虑到他的抽动–秽语综合症的状况。当他的症状严重时，他们会选择一个能够快速出入的地方。当他的症状不太明显或者处于新月阶段，他们会选择一个新的饭店或者需要排队的饭店。

他们选择的所有饭店都得有休息室，以便可以离开餐桌，让尼古拉斯休息。尼古拉斯特别喜欢设有地毯的饭店，他在用餐前还喜欢画画和猜谜语。如果抽动严重的话，他们会打包回家，通常这个时候，他和爸爸会先回到车里，妈妈去结账。

与朋友一起在美食广场用餐，尼古拉斯会感到轻松。他们可以随心所欲地选择自己的食品，尼古拉斯特别喜欢吃披萨。美食广场有很多人，而且非常热闹，那样，他的抽动很少被人注意。如果看到同学，他会简单地聊几句或者打个手势。

说明

根据自己的抽动－秽语综合症，对饭店的类型进行评级。如果你有多动症或者强迫症，想一想在饭店就餐时你会有怎样的反应，这个时候，你可以要求你的爸爸妈妈也参与你的评级。

在让你感到轻松的饭店前写“1”；
在让你略感压力的饭店前写“2”；
在让你感觉很紧张的饭店前写“3”；
在让你极端喜欢的饭店类型前画“★”。

饭店的类型	你的评级	父母的评级
三明治店		
咖啡店		
快餐厅		
自助餐厅		
带音乐的餐厅		
农家院		
披萨店		
中餐馆		
冰激凌店		

活动27

与爸爸妈妈的评级相比，你们之间有什么不同和相同之处？

____

____

以下是在饭店用餐时，对你的建议和帮助。在你想尝试的内容前画“√”。

______选择一个繁忙的饭店（或者很少人去的饭店，但是你比较喜欢）。

______坐在一个发声抽动和动作抽动时不被引起注目的地方。

______去休息室休息或者与家长一起坐在车内一小段时间。

______用活动分散注意力。

______提前在网上查询菜单，以便快速点菜。

______提前打电话预约。

______采用活动26的方法。

______找到最适合自己的位置，可能是在休息室附近或者窗户附近。

______如果感到非常饿，你可以先吃点饼干。

当外出就餐时，你尝试以上建议。在试过之后，说说他们是否有效。

____

____

购物

希拉里非常喜欢购物，她尤其喜欢离她家不是很远的一个商场。当她的抽动–秽语综合症表现的不是很明显时，她会经常去那里购物。但是节假日或者客流量很多时，她会呆在家中。希拉里也非常喜欢逛其它商店，像音响店。她喜欢选一些自己喜欢的光盘带回家。她喜欢有宽阔通道的商店，因为她的动作抽动的表现有踢腿，这样即使发作也不会伤害到别人。她会去宠物店买些鱼食，但宠物店会让她感到紧张。她总是想买另一个宠物回家，她的强迫症难以自控，于是她不得不服从妈妈对她在宠物店的告诫。在宠物店，她常常会感到尴尬、痛苦。

活动28

说明

根据自己的抽动–秽语综合症的表现，对商店的类型进行评级。如果你有多动症或者强迫症，想一想在商店时你会有怎样的反应。你可以要求爸爸妈妈也参与你的评级。

在对你感到轻松的商店前写“1”；
在对你略感压力的商店前写“2”；
在对你感觉到很紧张的商店前写“3”；
在对你极端喜欢的商店类型前画“★”。

商店的类型	你的评级	父母的评级
杂货店		
超市		
药店		
商厦		
集市或百货店		
礼品店		
糖果店		
宠物店		
音响店		

你的父母同意你的评级吗？ ________________________________

与父母一起参考以下建议，并在购物时进行尝试。在你认为对你有所帮助的建议前画“√”。

______如果你的抽动－秽语综合症严重时，你仅考虑在评级为“1”或“2”的地方购物。

______如果你的抽动－秽语综合症不明显时，可以去评级为3的地方购物。

______在购物前，在网站上查询你想买的物品。

______在去大型商场前，查看平面布局图，要对自己去的地点有所了解。

______购物时间不要过久，要适当休息。

______用最喜欢的音乐或耳机分散自己的注意力。

______购物时要有人相伴。当发现自己有异样，要快速离开。

活动29

传染：新的抽动和行为

在布莱克和爸爸去超市购物时，总是布莱克拿着购物明细单，爸爸推着购物车。布莱克帮忙选择谷类食物和冷冻披萨。一般情况下，他们原想只是购买明细单上的商品，但是他们总是会超出了购物明细单。他们额外买了布莱克爱吃的冰激凌和爸爸爱吃的热狗，当然，也额外购买了其他物品。他们非常惊讶购物车内自己选购的满满的商品。

这与抽动-秽语综合症和强迫症有相同的道理。有时候，有人会有新的抽动表现或强迫症行为出现，这通常是无意识的。这就是所谓的“传染”。看到有人打哈欠，你也会有相同的感受。抽动或者行为来自别人的传染，通常不会持续很久，采用幽默的方式将会使它得到很好的控制。回顾活动13将帮你回忆起如何使用幽默。

说明

回答以下问题。

你曾经看到别人的行为，然后效仿吗？ 是 否 可能

当你听到一种声音时，你会模拟这种声音吗？ 是 否 可能

你看到电影里的某一情节会总在你脑海里显现吗？ 是 否 可能

你认为自己被传染过吗？ 是 否 可能

在你家里发生过类似的事情吗？ 是 否 可能

如果你的答案是“是”的话，说说你曾经发生的事情。____________

活动30

拜访

加勒特认为他的奶奶是一个很了不起的人。奶奶非常了解他学校里发生的事情，并懂得他的内心世界。每一年父母都带着他去奶奶家过感恩节，这对加勒特来说是一件很开心的事。加勒特非常喜欢在奶奶家过暑假，但有时候，因为不遵守奶奶家的规定，他会有很多麻烦。以下是奶奶家的规定：

- 仅在厨房用餐。
- 可以在卧室、自己的房间、客厅玩耍，但不能在厨房玩耍。
- 喊你吃饭时，要到餐桌。
- 离开餐桌前，要请求同意后才能离开。
- 当你出去玩时，只能在后院玩。
- 未经允许不得进入奶奶的房间。

这些规则本来很容易遵守，但与加勒特家的规则又截然不同，所以有时候他经常忘记。父母也总是提醒加勒特记住别人家的生活习惯非常重要，于是，他们总是想办法帮助加勒特记住奶奶家的规则。

说明

你经常去拜访别人吗，那是谁的家？______________________

____

去这一家有什么事情会让你最开心？______________________

____

____

你不喜欢这一家的什么事情？______________________

____

____

说一说这一家的规则。______________________

____

____

在户外玩耍时，对你有什么特殊要求？______________________

____

____

活动30

假设下面是你经常拜访的家庭的房子。

标出每间房间。
如果是你只有经过允许才能进入的房间，涂成红色。
如果是只允许进入而不许玩耍的房间，涂成黄色。
如果是允许玩耍的房间，涂成绿色。

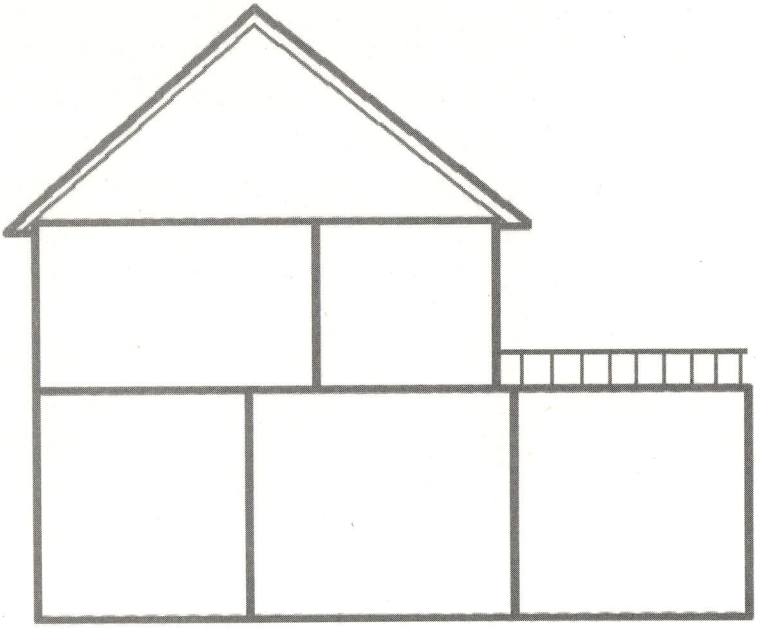

给你最喜欢的房间画一个“★”。并说明为什么是你最喜欢的。________

____

对你忘记服从规则的房间画一个圆圈“○”。

谁会帮助你遵守这个家庭的规则？________

____

主持聚会

惠特尼的生日即将到来。妈妈知道一个生日聚会对惠特尼非常重要，所以妈妈想精心布置一番。于是，惠特尼和妈妈、姐姐一起策划这个重大的生日聚会。

惠特尼希望在当地游泳馆有一个游泳聚会。妈妈说，只要她喜欢就会满足她的愿望，但是如果当天是一个阴雨天，就需要有另一项计划。姐姐建议，可以租一场电影。

活动31

说明

提前计划自己的生日聚会将会使它更加圆满、精彩。你可以与爸爸妈妈讨论你的聚会，以下建议将会帮助你准备自己的生日聚会，请填写要求的内容。

生日的日期和时间________________ 地点________________

邀请

生日计划建议	你将要做什么
问问爸爸妈妈你可以邀请多少个小朋友。	
邀请的客人的数量是偶数会使聚会更加有乐趣。	
至少要提前两周通知小朋友。	
如果你亲自发送邀请函，注意不要伤害没有被邀请到的小朋友的感情。	
拟定一份邀请人的名单，以便参加聚会的人能够相互认识。	

活动

生日计划建议	你将要做什么
与父母一起安排一个时间表。 如果聚会在你家里举行，至少准备3个不同的活动。如果不到3个也不要烦恼。 租一场或两场电影作为备用。提前看看这部电影，以确定是否适合生日聚会的氛围。 在聚会时要拍照，并发放给朋友们。 让父母准备一些备用药品。	

食品和饮料

生日计划建议	你将要做什么
孩子们喜欢自选食品，如披萨或热狗。 如果你的朋友对某些食品过敏，确保他们的食品安全。 避免喝碳酸饮料。 选择没有咖啡因的饮料。 使用一次性餐具。	

活动31

在聚会结束后，回答以下问题。

你度过了一个快乐的生日聚会吗？说说为什么是或为什么不是。________________

____

你认为你的客人度过了一个快乐的生日聚会吗？说说为什么是或为什么不是。____

____

你的父母对生日宴会的评价是什么？说说为什么他们这样评价。________________

____

对你的下一个生日宴会，你们将会有什么不同的准备吗？________________

____

在下方空白处，粘贴或者画一幅生日聚会图。

出去过夜

卡梅伦喜欢和朋友们玩电脑游戏。暑期的一个周末，朋友们决定一起玩通宵的电脑游戏，于是他们订购了披萨当作夜宵。卡梅伦认为玩通宵的电脑游戏是一个好主意，但他不确定自己是否能够在外过夜。他之前刚刚度过两个通宵聚会，都是中途返回家里。这两次他都感觉到精神紧张和头晕，于是他不得不提前离开。卡梅伦感到羞愧，因为朋友们认为他胆子太小，不敢在外面过夜。

他的妈妈理解患有抽动—秽语综合症的孩子非常恋家，在陌生的地方不能入睡。她建议卡梅伦，如果他不想在外过夜，就可以找借口，如第二天要去看医生等。

但是卡梅伦非常想去参加电脑游戏的聚会，因此他妈妈帮助他制定了以下计划：

- 练习在睡袋内睡觉。
- 带着自己的枕头。
- 穿体恤衫，那样可以有一种在家穿睡衣的感觉。
- 提前在亲戚家实践练习一下。
- 听自己喜欢的音乐，记着带耳机。

与妈妈交谈后，卡梅伦感觉到很轻松。于是他参加了聚会，并在外过夜。在睡觉时，他感到有些不安，于是他戴上耳机听音乐，直到完全放松。第二天早上，朋友们都说他们度过了一段快乐的时光。

活动32

说明

写下能够帮助你在外过夜的建议，你也可以采用卡梅伦的建议或者自己想方法解决。

____

____

____

在你要出去过夜前，回答这些问题：

你做了什么样的准备？______________________________

____

____

在走之前，你希望回家还是留下一整夜？__________________

____

____

你提前制定计划了吗？______________________________

____

____

在下方空白处，画一幅图画表达自己在外过夜的感受。

现在，再画一幅图画表达你回家的感受。

记住，你第一次不成功，并不能代表第二次还会失败。

活动33

记分

凡事要记数是卡洛斯强迫症的一种临床表现。他会经常记录球队的进球和罚球，这种比赛的记录本身很常见，也是体育项目的一部分。但卡洛斯也会记录其它事情，例如，他常常记录哥哥会在车里坐多久或者看了多长时间的电视，哥哥对他的这种行为非常气愤。在课堂上，他会数第一排学生的数量，记录老师喊学生名字的次数。如果他认为这种喊名字次数对某个学生不公平，他还会生气。同学们不喜欢他总是这样保持着他的这种行为。

卡洛斯也为此非常苦恼，他很想控制自己，但很难做到。他的爸爸妈妈理解其中原因，于是他们想办法帮助他。在咨询老师和爸爸妈妈的帮助下，他们一起列举了以下建议：

1. 提醒自己不要事先记数。
2. 要保持冷静，避免需要作出记数的事项。
3. 告诉你的朋友，你有时候需要记数。
4. 让朋友帮助你选择不同的事情去做。
5. 制定一份实用的时间计划表。

说明

列举三个可以进行记数的游戏：

1. ____________________

2. ____________________

3. ____________________

列举三个不需要进行记数的游戏：

1. ____________________

2. ____________________

3. ____________________

说说那些即使不需要记分你也会记的情况。

____

选出卡洛斯的两项建议，如果你认为这两项建议会对你有所帮助的话，把它们写在下方。

____

对以上内容进行尝试后，说说你的感受和体会。

____

活动34

做一个优秀的失败者和优秀的赢家

吉姆喜欢玩游戏，如电脑游戏、棋盘游戏和团体性运动。当他获胜时，他会非常开心，又蹦又跳、喜形于色。但是当他失利时，他会非常气愤，扔东西、郁郁寡欢。于是和爸爸妈妈、哥哥一起玩时，不论是获胜还是失利，他们都会鼓励他。体育老师在他生气的时候也会让他安静下来，帮助他。

吉姆的哥哥、朋友和其他小朋友都不喜欢他的行为。咨询老师制定了帮助吉姆的方法。他们说：当你获胜的时候，你非常开心，但是如果你表现得谦卑，其他小朋友还会和你一起玩；在你失利的时候，你也要学会控制自己的情绪。后来，老师与吉姆一起玩游戏，轮流输赢，以帮助吉姆锻炼他的心态。

有时，咨询老师和吉姆会轮流扮演其他角色，如吉姆的哥哥、教练或队友。这可以帮助吉姆理解他那些和他真正一起玩的人的感受。

说明

在下面空白处，画一张你正在玩你最想获胜的游戏的图画。

当你获胜后，你通常的表现是怎样的？________________________

____

当你失利时，你通常的表现是怎样的？________________________

____

活动34

分别列举你获胜和失利的三个游戏。

1. ____________________

2. ____________________

3. ____________________

你需要锻炼成为一个优秀的获胜者吗？____________________

你需要锻炼成为一个优秀的失败者吗？____________________

无论在比赛中是获胜还是失利，你会怎样做让自己表现得更好？__________

____

____

____

参加比赛，获胜并不重要，重要的是比赛的过程和自身对整个过程的享受。如果你对一个游戏比赛胸有成竹，你可以故意失利，把胜利让给对方。

说说你玩这个游戏时的感受。____________________

____

你还可以尝试着输掉你想赢的游戏。

说说你玩这个游戏时的感受。____________________

____

早晨和晚上的时间安排

杰伊每天都会早早地醒来，她起床很早，也会很早到学校，从来不会迟到，而且她感觉自己早上的精力无限充沛。因此，杰伊喜欢在早晨学习自己认为最难的学科。

米奇尔的妈妈经常喊他“夜猫子”，因为他总是深夜才去睡觉，所以早晨他很难起床，而且上学经常迟到。他在下午的时候精力充沛，晚上却总是很难入睡。

活动35

说明

无论是早晨还是晚上，如果你有所计划和准备的话，你将会更加轻松。想一想自己是“夜猫子”还是早起的人，画一张太阳或月亮的图画来表示。如果你不确定自己是哪种类型，请爸爸妈妈帮助你。

如果你是一个早起的人，试一试以下建议：

- 放学后不久就完成作业。
- 在想睡觉前检查一下作业。
- 每天按时睡觉、按时起床。

写出你想到的其它建议。______________________________

____

如你是个“夜猫子”，试一试以下建议：

- 在早上定不同的闹铃音乐，直到你完全醒来。
- 把上学需要带的用品放在门口的附近。
- 在睡觉前，放好需要穿的衣服。

写出其他建议。______________________________

____

在下面空白处，制定一份日常安排表，这将会帮助你有组织地规划自己的日常生活。这份日常安排要简单，并标明你一天中最有精力的时间。你可以复制几份，把它们粘贴在最醒目的位置：你的床边、冰箱上、梳妆台上等等。

早晨时间安排	晚上时间安排

活动36

入睡

莫利晚上很难入睡。上床后她的思想活跃，很久才能入眠。因此，在早上她总是感觉疲惫，经常上学迟到。老师因迟到的问题经常找她谈话。老师解释说，患有抽动-秽语综合症的孩子需要更充足的睡眠；因为他们的大脑需要休息。老师给莫利一个特别的任务——写一份帮助自己提高睡眠习惯的建议清单。

莫利调查到小学生每晚需要10个小时的睡眠，中学生需要9个小时的睡眠。她的建议如下：

- 我会制定一份就寝时间安排表，这将会帮助我轻松地入睡。
- 即使在周末，我也会遵循这份安排表。
- 在我上床睡觉至少30分钟前，我会关掉电视或停止玩电脑游戏。
- 在晚上我不会喝可乐或者任何含咖啡因的饮料。
- 我将确保我的床足够暖和，特别是我的脚。

莫利每天按照以上建议实行，一段时间后，她发现入眠竟是如此轻松。

说明

想一想你的睡觉习惯，回答以下问题。

在上学的晚上，你通常有几个小时的睡眠？________________

你在周末的时候会睡懒觉吗？　　　　　　　　是　　　否

在周一的早上你会感觉到疲惫吗？如果是，想一想其中的原因是什么？

____

____

____

你会在半夜醒来吗，为什么？________________

____

____

你会在晚上起夜吗，为什么？________________

____

____

活动36

在下面图画的空白处，写下你上学时的新就寝时间安排表。

1. 在枕头上，写3个令你平静的想法（例如：蓝天上漂浮着朵朵白云）。
2. 在毛毯的最上面，写下你准备睡觉的时间。
3. 在毛毯的中间，写下你将会遵循的就寝时间安排表。
4. 在毛毯的底部，写下你想去睡觉的时间。

复印你的时间安排表，把它们粘贴在你随处可见的地方，如你的卧室门上、床头柜上、浴室的镜子上等等。

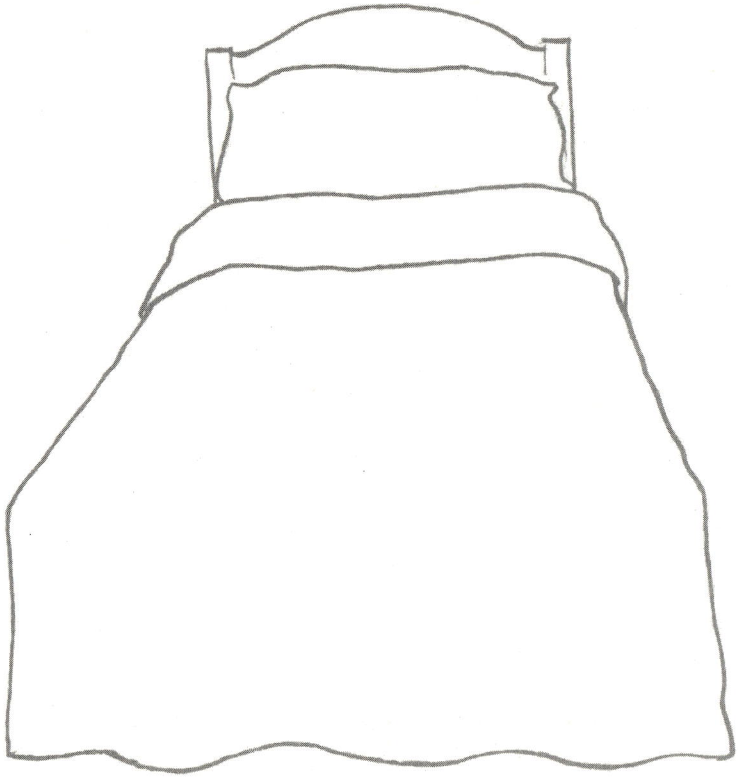

考试的研究

在考试即将到来的时候，迪伦会花大量的时间复习，但他的阅读成绩还是很差，因此他用画图的方法帮助自己记忆知识点。他把单词写在卡片的正面，然后在卡片的背面画上相对应的图画。以下是迪伦对科学课上生命的循环制作的卡片。

Egg
鸡蛋

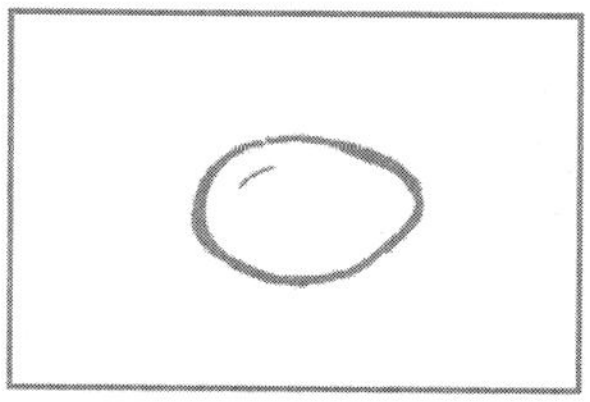

Chick
小鸡

Hen
母鸡

卡迪有另一种方法应对考试。她会在词汇中寻找技巧帮助记忆。比如，她会按照离太阳近远的距离记忆以下单词：水星、金星、地球、火星、木星、土星、天王星、海王星、冥王星。

活动37

说明

阅读下面的建议。在你实践后发现对你有帮助的建议前画“★”，在对你没有帮助的建议前画“X”，在你准备尝试的建议前画“✓”。

______你每天的学习环境要安静，远离电视和电脑游戏。

______确保你的座椅舒适。

______要有一个书架放学习方面的书籍。

______学习的时候可以听轻音乐，这可以阻止分散其它注意力。

______学习前确定是否吃东西。如果需要，先吃东西再学习。

______学习时可以适当地休息。

______和同学一起学习。

以下介绍一些良好的学习习惯，以供小朋友们参考：

1．主动学习的习惯
2．及时完成规定的学习任务的习惯
3．各学科全面发展、不偏科的习惯
4．预习的习惯
5．认真听课的习惯
6．上课主动回答问题的习惯
7．上课积极思考的习惯
8．多思、善问、大胆质疑的习惯
9．上课记笔记的习惯
10．课后复习的习惯
11．及时完成作业的习惯
12．阶段复习的习惯
13．自觉培养创造性思维能力的习惯

学无止境，同学们在学习过程中要善于总结自己的学习经验，也要善于借鉴好学生的学习经验为己所用。聪明的你一定能找出适合自己的一套学习方法，乘风破浪，早日达到胜利的彼岸！

活动38

考试

每次快考试的时候，琳蒂在考试前和考试中都感到紧张。因此，当老师宣布今天放学后补充一堂应试技巧课的时候，琳蒂感到非常开心。她希望这堂课有利于提高她的考试成绩。在课堂上，老师讲解说，考前复习是非常重要的，要精力集中，轻松应考。下课时，老师分发了自己总结的应试技巧的摘要。

考试

考试前的晚上或早上

1．复习你的学习资料。
2．检查考试所需要的用品，如铅笔、钢笔或计算器。

考试之前

1．心平气和地坐在教室，把你的手放在膝盖或课桌上。
2．慢慢地深呼吸两次。
3．埋头，不要四处张望。
4．回忆你学习的内容。
5．再一次深呼吸。
6．服从老师的安排。

在考试期间

1．填上姓名、日期和老师要求填写的内容。
2．简单地浏览整个试卷。
3．回答你知道的问题，跳过你不会的问题。
4．认真阅读每道题的考试要求。
5．进行检查，回答你跳过的问题。

说明

下一次考试时，参考上一页的应试技巧。考试结束后回答以下问题：

你准备好了考试所需的文具用品吗？ 是 否

你服从了老师的指示安排吗？ 是 否

你认为你的考试复习大纲能够帮助你提高学习成绩吗？ 是 否

试卷上的问题对你来说难吗？ 是 否

你更改过答案吗？ 是 否

你按时交卷了吗？ 是 否

下一次考试时，你会做的相同的事情是什么？______________________

____

____

下一次考试时，你会做的不同的事情是什么？______________________

____

____

活动39

兄弟姐妹

马特的姐姐艾米很难理解什么是抽动—秽语综合症。于是她经常在网上寻找答案，她也会问马特很多相关问题。当马特做作业遇到难题时，他总是求助姐姐。艾米总是非常有耐心地帮他。但马特的哥哥乔却认为马特是一个很麻烦的人。他不能理解为什么一家人总是去一家饭店吃饭或者因为马特的抽动—秽语综合症一家人总是变更暑期的旅游计划。

马特的父母决定召开一个家庭会议，让每一个人有机会表达他们的感受。乔非常开心，因为他能够提出因为马特给他带来的困惑。马特也非常高兴，因为这能够帮助乔理解他的抽动—秽语综合症。这个家庭会议将会带来整个家庭的和睦共处。

说明

你哥哥或弟弟的名字：______________________________

你姐姐或妹妹的名字：______________________________

你喜欢与他们分享本书中的哪个活动？______________________________

____

写出或画出你想让他们知道的最重要的事情。

活动39

现在向你的兄弟姐妹提出问题，并记下他们的答案。

你想让我知道的最重要的事情是什么？________________

____

____

____

你有什么问题想要问我？________________

____

____

____

写下你的回答。________________

____

____

____

重温抽动-秽语综合症阶段

活动3解释了抽动-秽语综合症的临床表现就像是月亮的不同阶段。现在让我们来回顾一下活动3的内容：

有时候我的抽动-秽语综合症就像是如牙新月， 我的抽动鲜有发生，这是我最开心的时刻。

有时候我的抽动-秽语综合症就像是如瓢半月， 我感到非常沮丧，我总是很难坚持写完我的作业和做完家里的琐事。

有时候我的抽动-秽语综合症就像是微微的残月， 我感觉自己困难重重，心里有更多的恐惧，需要老师和爸爸妈妈的帮助。

有时候我的抽动-秽语综合症就像是如银盆的圆月， 我对自己说："忘记它"。这个时候，我会感到非常气愤，并经常找咨询老师谈话。我也需要爸爸妈妈的帮助以向其他孩子解释自己身上所发生的事情。

活动40

说明

想一想自己的抽动–秽语综合症的各个阶段，回答以下问题。

新月

你的抽动–秽语综合症像什么？____________________

你做什么会让自己感觉轻松？____________________

你做什么会感觉吃力？____________________

学校像什么？____________________

在新月阶段，哪一种饭店或商店会让你感觉更加轻松？____________________

____

在这个阶段你要注意哪些重要的问题？____________________

____

半月

你的抽动-秽语综合症像什么？________________________________

你做什么会让自己感觉轻松？________________________________

你做什么会感觉吃力？________________________________

学校像什么？________________________________

在半月阶段，哪一种饭店或商店会让你感觉更加轻松？________________

____

在这个阶段你要注意哪些重要的问题？________________________

____

活动40

残月

你的抽动-秽语综合症像什么？

你做什么会让自己感觉轻松？

你做什么会感觉吃力？

学校像什么？

在残月阶段，哪一种饭店或商店会让你感觉更加轻松？

在这个阶段，你会需要哪些帮助？

在这个阶段你要注意哪些重要的问题？

圆月

你的抽动–秽语综合症像什么？________________

你做什么会让自己感觉轻松？________________

你做什么会感觉吃力？________________

学校像什么？________________

在圆月阶段，哪一种饭店或商店会让你感觉更加轻松？________________

____

在这个阶段，你会需要哪些帮助？________________

____

在这个阶段你要注意哪些重要的问题？________________

____

附录：秽语症

抽动-秽语综合症是一种常见症状，每一百个人中就有一个抽动秽语症患者。每10个抽动-秽语症患者就有一个秽语症。如果你的孩子有秽语症的临床表现，你需要就诊医学专家以确诊。你需要确定秽语症的发病次数和临床表现的严重性，并且需要和孩子的学校密切合作，以满足孩子的需求，缓和症状的发展。

如果秽语症时有发生，比如有咒骂表现时，你要带孩子看相关的医生。父母要密切关注孩子的咒骂是否是抽动-秽语综合症的临床表现。双方的信任和真诚是十分重要的。如果经常出现秽语症状，应该制定一份帮助孩子的书面计划。

秽语症是一种常见的问题，孩子可能会在学习中受到种种困扰，同学们可能会嘲笑他的言行。老师对孩子的成长起着极其重要的作用。班会是一种非常行之有效的方法，父母也可以参加。

无论采用什么样的方法，孩子和父母都需要组成一个团队，密切合作，父母要表现得积极主动。父母可能需要将抽动-秽语综合症介绍给陌生人。在公开场合，要鼓励孩子说："对不起"或"抱歉"。

秽语症的临床表现在咨询服务、医学行业和未来的法律问题中均有大量的学术研究，并引起了专家的极度重视。